AF555835

A LA MÊME LIBRAIRIE

DU MÊME AUTEUR

Format in-18.

DIOGÈNE ET SCAPIN, à propos en vers, représenté à la Comédie-Française.

MADAME DUGAZON, comédie en un acte en vers.

UNE MISSION DÉLICATE, comédie en un acte, en vers libres.

IMPRIMERIE GÉNÉRALE DE CHATILLON-SUR-SEINE. — JEANNE ROBERT

LES
DEUX SAISONS

COMÉDIE EN UN ACTE, EN VERS

PAR

EUGÈNE ADENIS

PARIS
TRESSE, ÉDITEUR
GALERIE DU THÉATRE-FRANÇAIS
PALAIS-ROYAL

1880

PERSONNAGES

SERVIAN.................... MM. Bouland.
GASTON DORSAY.......... Amaury.
MADAME LÉA ORVAL...... Mmes Marie Samary.
MARGUERITE.............. Marie Bergé.

A la campagne, chez madame Orval,
de nos jours.

LES DEUX SAISONS

Un jardin. — A gauche, un pavillon. — Table, chaises de jardin.

SCÈNE PREMIÈRE

LÉA, GASTON.

GASTON, lisant.

« O Muse, que m'importe ou la mort ou la vie !
J'aime et je veux pâlir, j'aime et je veux souffrir,
J'aime et pour un baiser je donne mon génie:.. »

LÉA, l'interrompant.

Suivez donc les élans de ces vers déchaînés.
Il faut lire avec plus d'expression : donnez.

Prenant le livre et lisant avec feu.

« O Muse, que m'importe ou la mort ou la vie !
J'aime, et je veux pâlir, j'aime et je veux souffrir !
J'aime et pour un baiser je donne mon génie,
J'aime et je veux sentir sur ma joue amaigrie
Ruisseler une source impossible à tarir ! »

Elle s'arrête, vaincue par son émotion.

GASTON.

Eh bien, vous vous taisez et vous fermez le livre ?

LÉA.

Oui, lorsqu'un grand poëte à mon âme se livre
Et s'élève d'un vol qu'on ne peut dépasser,
J'aime à me recueillir, j'ai besoin de penser !

Rêvant.

Quels beaux vers ! Comme on sent dans cet appel suprême,
Dans cet ardent et fol amour de l'amour même
Qui cherche à l'enlacer dans son dernier lien,
Un cœur blessé qui souffre et n'espère plus rien !

GASTON.

L'amour ?... Mais ne peut-on s'en défendre ?...

LÉA.

Ses charmes
Sont si puissants qu'il faut qu'on lui rende les armes,
Dût-il briser nos cœurs comme un hochet d'enfant !
Tout lui sourit, l'appelle et nul ne s'en défend !
* Voyez ces fleurs ! le vent du matin les caresse ;
* Son souffle c'est l'amour et toute son ivresse,
* L'amour qui les invite à bénir le printemps,
* A s'ouvrir, à rester charmantes plus longtemps,
* A garder leurs parfums et qui leur fait connaître
* Pourquoi la terre, un jour de soleil, les fit naître !
* Aussi lorsque le soir ramène leur amant,
* On les voit s'agiter entre elles follement
* Et sans rien redouter de leurs suites fatales,
* Tendre aux baisers du vent chacun de leurs pétales !
* Il les berce si bien de son murmure lent !
* Pourtant, c'est par ce souffle amoureux et brûlant
* Que leur frêle corolle est souvent abattue,
* C'est lui qui les enivre et c'est lui qui les tue.
* Qu'importe ! elles ont eu leur moment enchanté,
* Et la mort peut venir après la volupté !

* Les vers marqués d'un astérisque sont supprimés à la représentation.

GASTON.

Quel charme est répandu dans tout votre langage !
Savez-vous qu'autrefois j'étais un vrai sauvage ?...
Vous m'avez fait comprendre et désirer le beau,
Madame, et votre esprit, comme un divin flambeau
Qui, tout autour de lui, communique sa flamme,
A versé la lumière et le jour dans mon âme !

LÉA.

Mais.. êtes-vous heureux, parlez ?... à votre tour,
N'avez-vous jamais craint ou désiré l'amour
Et rêvé d'une enfant à la voix argentine,
A l'œil noir, en sentant battre votre poitrine ?...

GASTON

Pourvu que nous puissions lire, rêver, chanter
Ensemble, je n'ai rien de plus à souhaiter.
Quant à mon cœur...

LÉA, *vivement.*

Eh bien ?...

GASTON.

Il ne s'est pas encore
Aperçu que l'amour soit un mal : il l'ignore.

LÉA.

Interrogez-le bien...

SCÈNE II

LES MÊMES, SERVIAN.

Léa se retourne, et aperçoit Servian qui est entré depuis un instant et se tient debout, immobile, derrière elle. — Avec un cri.

LÉA.

Ah ! vous m'avez fait peur !

SERVIAN.

Je suis donc effrayant ?

LÉA.

Votre air est plus trompeur
Qu'on ne croit, et malgré votre mine endormie,
Vos dehors de bourgeois et votre bonhomie,
Malgré vos qualités, j'en conviens...

SERVIAN, modestement.

Passons-les.

LÉA, continuant.

Vous avez de faux airs de Méphistophélès !...

SERVIAN.

Si c'est là mon seul crime, il n'est pas effroyable.
Admettons que je sois un peu cousin du diable,
Méphisto n'est-il pas un prince accommodant,
Un cavalier joyeux, empressé, fier, ardent,
Sans défauts?...

LÉA, ironiquement.

Au moral ?...

SERVIAN.

Et surtout au physique.

LÉA, à Gaston.

A propos, viendrez-vous faire un peu de musique
Ce soir ?

GASTON.

Très volontiers, mais j'avais emporté
Notre duo de Faust, hier : il est resté
Chez moi.

LÉA.

Rapportez-le ce soir.

GASTON.

Non, tout de suite.

SERVIAN, raillant.

Eh ! oui, laissez-lui faire encore une visite,
Vous pourrez prolonger cet entretien si doux
Toute l'après-midi.

LÉA, brusquement, à Servian.

Viendrez-vous ce soir, vous ?

SERVIAN.

Puisque vous insistez...

LÉA.

Eh ! faut-il que je pleure,
Que je tombe à genoux !...

SERVIAN.

Oh ! non.

LÉA, à Gaston.

A tout à l'heure !

GASTON.

A tout à l'heure.

A Servian.

Adieu, mon voisin.

SERVIAN.

Sans adieu.

SCÈNE III

LÉA, SERVIAN.

SERVIAN.

Puisque nous voilà seuls, si nous causions un peu,
Voulez-vous ?

LÉA.

Soit.

SERVIAN.

Ah çà ! ma chère amie, en somme,
Quel dessein pouvez-vous avoir sur ce jeune homme ?
Il est toujours ici, toujours, soir et matin !

LÉA.

Quel mal y voyez-vous, monsieur le puritain ?

SERVIAN.

Quel mal ? mais il me semble, à moi, bien difficile,
Lorsqu'on voit un garçon élire domicile
Chez une femme jeune encore...

LÉA, coquettement.

Vous trouvez ?

SERVIAN, continuant.

De ne pas supposer...

LÉA.

Quoi ?

SERVIAN.

Ce que vous savez.

LÉA.

Vous êtes fou, mon cher.

SERVIAN.

Oui, c'est facile à dire.
Vous vous compromettez.

LÉA.

Moi ?... Vous me faites rire.
Parce que, mon voisin, un jeune homme charmant,
Vient me voir, — brrr... — monsieur prend un ton alarmant
Et même emprunte un terme à la jurisprudence !

SERVIAN.

Mais c'est qu'il vient avec rage, avec impudence !

LÉA.

Il est orphelin, seul, et son dernier parent
Ayant pu lui léguer quelque bien, en mourant,
Il n'a pas de métier qui l'occupe et l'entrave,
Il a tous ses loisirs...

SERVIAN, *d'un ton bourru.*

Et se fait votre esclave !
Dès le matin, il vient, les yeux à peine ouverts,
Vous lui lisez des vers, il vous relit des vers :
Françoise et Paolo, l'œil brillant, le visage
Tout radieux, penché sur le même passage,
Arrive le moment importun du repas !
Midi sonne. Il s'en va... quand il ne reste pas.
Après le déjeuner, nouveau vol dans l'espace,
Dans l'azur, dans le bleu toujours bleu... le temps passe;
Mais le rêve devait être délicieux,
Car vous avez grand' peine à descendre des cieux !
Voilà pour la journée et pour la matinée,
Bon ! mais ce n'est pas tout encor : l'après-dînée,
(On s'était si peu vu !) réapparition
Du cher voisin ; on ouvre une partition :
Faust, par exemple, où Dieu, dans sa bonté pardonne
A l'enfant trop crédule, hélas ! qui s'abandonne !
Dites-moi... c'est si beau qu'on doit être tenté
D'oublier l'idéal pour la réalité !

LÉA.

Ah çà ! mais, d'où vous vient, mon cher Servian, ce zèle
Prodigieux pour moi ? Suis-je une demoiselle,
Une enfant, répondez ? la nature ou la loi
Vous a-t-elle chargé d'avoir les yeux sur moi
Et de me diriger, dites ? Suis-je Rosine?
Etes-vous Bartholo ? Je suis votre voisine,
Mon voisin, rien de plus, et vous auriez grand tort
De prendre ici des droits.

SERVIAN.

J'en demeure d'accord.

LÉA.

Je suis veuve : je puis vivre à ma guise et faire
Ce qui me plaît : si l'on jase, c'est mon affaire.

SERVIAN.

Soit, mais...

LÉA.

Je ne veux pas être libre à demi.

SERVIAN.

Sans doute, mais je suis avant tout votre ami,
Votre intérêt m'est cher, très cher et m'autorise,
Je crois, à vous parler, madame, avec franchise.

LÉA.

Vous êtes entêté !

SERVIAN, humblement.

Je suis jaloux.

LÉA.

Jaloux ?...
De qui ?...

SERVIAN.

De lui.

LÉA.

Qui, lui ?

SERVIAN.

Mais Gaston, parbleu !

LÉA.

Vous !
Vous ! jaloux de Gaston ! mais vous perdez la tête !

SERVIAN.

Hélas ! non, c'est-à-dire, hélas ! oui.

LÉA, riant.

Quelle bête
D'idée !

SERVIAN.

Eh ! non, pourquoi ? J'avais depuis longtemps
Caressé le projet de refaire un printemps,
Si vous y consentiez, avec nos deux automnes.

LÉA.

Ah ! vous m'en direz tant, vos raisons sont si bonnes
Que je m'explique enfin, mon cher Servian, pourquoi
Vous vous intéressez si vivement à moi !

SERVIAN, sombre.

Mon projet n'a pas l'air de beaucoup vous séduire.

LÉA.

Il me séduirait bien ; mais, puisqu'il faut vous dire
Toute la vérité... j'aime Gaston.

SERVIAN.

Ecce
Homo ! Je m'en doutais un peu : je suis fixé.
Mais lui, de son côté, vous aime-t-il ?

LÉA.

S'il m'aime ?
Je crois, en vérité, qu'il n'en sait rien lui-même.
Ses actes disent oui, son langage dit non.
Mais j'espère bientôt sortir de doute.

SERVIAN.

Bon.

LÉA, continuant.

Et forcer le secret de cette âme si neuve.

SERVIAN.

Me direz-vous par quel moyen ?

LÉA.

Par une épreuve.

SERVIAN.

Ah ! ah !

LÉA.

Depuis trois jours...

SERVIAN.

Allez, je vous entends.

LÉA.

Pour passer avec moi la saison du printemps...

SERVIAN, déclamant.

Vere novo flores... lorsque le printemps brille,

LÉA.

Taisez-vous donc, bavard ! J'ai fait venir la fille
D'une amie.

SERVIAN.

Ah ! très bien.

LÉA.

Marguerite est son nom.
Vous avez dû la voir ici déjà.

SERVIAN.

Moi ? non.

LÉA.

Une jolie enfant de seize ans ! oh ! divine !

SERVIAN.

Faite pour attirer les regards : je devine.

LÉA.

Ils auront tous les deux le loisir de se voir.

SERVIAN.

Et vous saurez ainsi...

LÉA.

Ce que je veux savoir.

SERVIAN.

C'est dangereux pour vous?

LÉA.

Oui, le danger me tente.

SERVIAN.

On dit cela.

LÉA.

Je veux être même imprudente.
Tenez, je vais les mettre aux prises aujourd'hui
Pour bien savoir quel est mon empire sur lui.

SERVIAN.

Projet absurde!

LÉA.

Non, projet plein de sagesse!
Si je voulais lutter pour me rendre maîtresse
De son cœur, mon drapeau resterait triomphant.
Vous imaginez-vous que je craigne une enfant?
Mais je veux son bonheur en enchaînant sa vie.
Ma facile victoire, hélas! serait suivie
D'un éternel regret, si je sentais un jour
Que mon esprit, mon art, mes soins, tout mon amour,
A son cœur fatigué de ma longue tendresse,
N'avaient pas tenu lieu de ton charme, ô jeunesse!
Si Gaston, au contraire, a vu, sans s'étonner,
Le seul trésor que moi, je ne puis lui donner.
S'il reste indifférent aux grâces du visage,
J'aimerai désormais sans souci de mon âge,
Certaine que mes soins délicats et constants
Remplaceront l'éclat d'un regard de vingt ans!

SCÈNE IV

LES MÊMES, MARGUERITE.

MARGUERITE, entrant, la main pleine de fleurs.

Voilà tout le jardin.

LÉA.

C'est vous, ma chère belle.

MARGUERITE.

Je l'ai dévalisé.

LÉA, riant.

Fort bien.

SERVIAN, saluant.

Mademoiselle...

MARGUERITE, même jeu.

Monsieur...

LÉA, présentant Servian.

Monsieur Servian, un dangereux voisin :
C'est le diable.

MARGUERITE, riant.

Vraiment.

SERVIAN, modestement.

Oh! non pas, son cousin,
Seulement, son petit cousin.

MARGUERITE.

A la bonne heure!

Elle va près de la table, et se dispose à arranger ses fleurs en bouquet.

SERVIAN.

O jeunesse! parfum qui rends l'âme meilleure,
La grâce est ton berceau!

A Léa.

Se sont-ils vus?

LÉA.

Oui.

SERVIAN.

Bon.
Savez-vous si Gaston l'a remarquée?

LÉA.

Oh! non.
J'en suis sûre.

SERVIAN.

Etes-vous tout aussi sûre d'elle?

LÉA.

C'est facile à savoir : partez.

SERVIAN, saluant.

Mademoiselle...

MARGUERITE, même jeu.

Monsieur...

SCÈNE V

LÉA, MARGUERITE.

LÉA.

Eh bien, voyons, vous plaisez-vous ici?

MARGUERITE.

Si je m'y plais? C'est vous qui me parlez ainsi,
Madame, mais d'abord j'adore la campagne!
Et puis, ne suis-je pas auprès de ma compagne
La plus chérie, auprès de ce cœur simple et grand
A qui ma mère m'a confiée en mourant?

LÉA.

A votre âge, on redoute un peu la solitude,
On se fait de Paris une douce habitude...

MARGUERITE.

Mais non, c'est à Paris que je suis seule, moi!
Paris ne m'offre aucun de ses plaisirs!

LÉA.

Pourquoi?

MARGUERITE.

Mais je ne sors jamais! Ici, comme une folle
Je cours en plein jardin! un papillon qui vole,
Se pose ou disparaît, capricieux lutin,
Une fleur qui s'entr'ouvre et sourit au matin,

Un roitelet qui chante, un nid, frêle corbeille,
Qu'on voit sous un berceau de feuillage, une abeille
Dont on a peur, qui passe et qui ne vous voit pas :
Tous ces riens imprévus qui naissent sous vos pas
M'enchantent! On s'arrête, on regarde, on écoute...
Et d'ailleurs, j'aime tant la liberté!

LÉA.

Sans doute,
Je comprends! Mais songez que cette liberté
Avec tous ses parfums, ses rayons, sa gaieté,
Il faut, vous le savez aussi bien que moi-même,
L'abdiquer en faveur d'un homme... que l'on aime;
Et voyons... entre nous, grâce au hasard... un jour,
N'avons-nous jamais fait quelque rêve d'amour?

MARGUERITE.

Moi? jamais.

LÉA.

Vous trouvez la campagne agréable...
Pourquoi?

MARGUERITE.

Vous le savez... je ne suis pas capable
De mentir et j'ai dit toute la vérité.

LÉA, avec un petit rire forcé.

C'est que... j'avais cru, moi, dans ma simplicité,
Que mon gentil voisin... l'autre, celui qu'on nomme
Monsieur Gaston Dorsay, vous savez, ce jeune homme
Avait développé presque seul votre goût
Pour la nature... allons, voyons.

MARGUERITE.

Oh! pas du tout.

LÉA.

Vous rougissez?...

MARGUERITE.

Mais non.

LÉA.

Si fait, je vous assure.
Vous avez remarqué Gaston?...

MARGUERITE.

Moi?

LÉA.

J'en suis sûre.

MARGUERITE, très troublée.

Oh! madame, vraiment... se peut-il?...

LÉA.

Mon enfant,
Eh! ne vous fâchez point. Votre cœur se défend
D'un sentiment très digne : il est tout simple en somme,
Que vous ayez ici remarqué ce jeune homme;
Mais pour ne pas blesser l'usage et le bon ton,
Soyez très réservée avec monsieur Gaston.
S'il est de votre goût, quoi qu'il dise ou qu'il fasse,
Vous devez vous garder de le lui dire en face.
Il ne nous est jamais permis de laisser voir
Qu'un jeune homme a sur nous acquis quelque pouvoir,
Et c'est avoir perdu sa dignité de femme
Que de lui révéler les secrets de notre âme.
Adieu : n'oubliez pas mes conseils.

Elle sort.

SCÈNE VI

MARGUERITE, seule.

Elle reste quelques instants pensive, et dit ensuite en répétant les paroles de Léa.

« Mon enfant,
Eh! ne vous fâchez pas... Votre cœur se défend
D'un sentiment très digne. Il est tout simple en somme

Que vous ayez ici remarqué ce jeune homme!
Mais pour ne pas blesser l'usage... » Ah çà! pourquoi
Ces mots? Je ne l'ai pas du tout remarqué, moi!
« S'il est de votre goût, quoi qu'il dise ou qu'il fasse,
Vous devez vous garder de le lui dire en face.
S'il est de votre goût, vous devez... » De mon goût
Il le sera! Voyons, voyons, ce n'est pas tout.
Je ne me souviens plus... Ah! le devoir, le rôle
D'une femme. Elle a dit « d'une femme! » est-ce drôle?
Tout cela n'est pas clair! oh! je veux parier
Que c'est... non... si... j'y suis... on veut me marier!
Quel serait le motif d'un interrogatoire
Aussi pressant, aussi... Dieu! la gentille histoire!
Mais je vais un peu vite. Est-ce vrai qu'on nous doit
Marier? est-ce vrai cela, mon petit doigt?...
Si vous m'aviez menti! bon! le doute me gagne....
Oh! non, lorsqu'on m'a fait partir pour la campagne,
On a beaucoup parlé de santé, de grand air:
Prétextes que cela! purs prétextes! c'est clair!
Moi qui songeais si peu!...

SCÈNE VII

MARGUERITE, GASTON.

GASTON, entrant.

Pardon, mademoiselle:
Je désirais .. madame Orval n'est pas chez elle?

MARGUERITE, à elle-même.

C'est lui qui m'a parlé : c'est très embarrassant,
Je n'avais pas prévu....

GASTON.

Pardon...

MARGUERITE.

Le doux accent!

GASTON.

Mademoiselle...

MARGUERITE.

Il faut pourtant, par politesse,
Répondre

GASTON.

Je voudrais. .

MARGUERITE.

Il le faut, c'est clair...

GASTON.

Est-ce...

MARGUERITE, se retournant, vivement.

Non, monsieur.

GASTON.

Ah! très bien... mais elle était ici
Tout à l'heure?

MARGUERITE.

Elle vient de me quitter.

GASTON.

Merci.
Aurez-vous la bonté de dire ma visite?

MARGUERITE.

Ne désirez-vous pas attendre un peu?

GASTON.

J'hésite.
Je crains de vous gêner, je crains d'être indiscret.

MARGUERITE.

Du tout, monsieur.

GASTON, s'asseyant.

Alors, je cède sans regret.
Voici cet opéra célèbre et qui m'enchante :
Faust.

Il pose la partition.

MARGUERITE.

Vous chantez?

A elle-même.

Je peux lui demander s'il chante!

GASTON.

La musique est pour nous un plaisir sans rival:
Nous en faisons le soir avec madame Orval.

MARGUERITE.

Quelle âme noble et grande!

GASTON.

Oh! c'est bien véritable!

MARGUERITE.

Avec l'âge souvent on devient irritable;
Maïs elle, il s'en faut bien : son esprit et son cœur
Ont la même jeunesse et la même douceur
Qu'autrefois.

GASTON.

N'est-ce pas?

MARGUERITE.

C'est une amie ancienne
De ma mère.

Avec tristesse.

A présent, c'est moi qui suis la sienne.

GASTON.

Ah! vous avez perdu votre mère?

MARGUERITE.

Hélas oui!

GASTON.

Moi, je suis orphelin.

MARGUERITE.

Vraiment? c'est inouï!
Le même sort!... Léa, c'est une sœur aînée
Pour moi!

GASTON.

Même rapport dans notre destinée;
Car enfin, n'est-ce pas très curieux ceci?
Ma seule amie au monde est votre amie aussi!

MARGUERITE.

Nous sommes deux oiseaux qu'elle a pris sous son aile
Et nous avons trouvé la même mère en elle!

GASTON.

La même mère?

MARGUERITE.

Oui, mais chut, c'est un secret.
Je ne dois pas parler.

GASTON.

Dites? je suis discret.

MARGUERITE.

Vous n'en soufflerez mot à personne?

GASTON.

A personne.

MARGUERITE.

Il s'agit d'un projet...

GASTON.

D'un projet?...

MARGUERITE.

Je soupçonne
Que c'est cela, — pourtant ce n'est pas encor sûr.

GASTON.

Ah!

MARGUERITE.

Quel est votre avis?

GASTON.

Mon avis sur quoi?

MARGUERITE.

Sur
Le projet, le projet que je viens de vous dire :
Vous n'écoutez donc pas?... qu'est-ce qui vous fait rire?...

GASTON, riant.

Mais c'est que vous avez omis l'essentiel :
Vous parlez d'un projet sans me dire lequel.

MARGUERITE.

Ah! je ne devrais pas...

GASTON.

Si! reprenez courage.
Il s'agit d'un projet... eh bien?

MARGUERITE, vivement.

De mariage!
Silence.

GASTON.

Hein? quelqu'un!

MARGUERITE.

Non. Léa m'a fait tantôt
Certain discours... Surtout n'en dites pas un mot.

GASTON.

Ne craignez rien. Tantôt? et que vous disait-elle?

MARGUERITE.

Mais c'était, par exemple, une question telle
Que : « Voyons, entre nous, grâce au hasard, un jour,
N'avons-nous jamais fait quelque rêve d'amour? »

GASTON.

Vraiment? Madame Orval m'a fait aussi la même
Question.

MARGUERITE.

A vous?

GASTON.

Oui.

MARGUERITE.

Ma surprise est extrême!
La même question à nous, le même jour!

GASTON, répétant les paroles de Léa.

« N'avez-vous jamais craint ou désiré l'amour
Et rêvé d'une enfant à la voix argentine,
A l'œil noir?... »

MARGUERITE, à elle-même.

Oh! c'est moi, c'est moi qu'on lui destine!
Mes yeux sont noirs!

GASTON, même jeu.

Sa voix a le son argentin
Que jettent dans les bois sonores, le matin,
La fauvette légère ou la vive hirondelle!

MARGUERITE, troublée.

Eh bien... monsieur Gaston?

GASTON, de même.

Eh bien!... mademoiselle
Marguerite?...

MARGUERITE.

Pourquoi me fixez-vous ainsi?

GASTON.

Je pense au rêve heureux que nous faisons ici,
A la main qui bientôt va nous bénir ensemble.

MARGUERITE.

Vous croyez donc?...

GASTON.

Oh! oui, n'est-ce pas?

MARGUERITE.

Il me semble...

GASTON.

C'est clair.

MARGUERITE.

Oui, c'est bien clair.

GASTON.

Tous les deux...

MARGUERITE.

Tous les deux!...
Ah! que je suis heureuse!

GASTON.

Ah! que je suis heureux!
Laissez-moi caresser cette chère pensée,
Laissez-moi vous nommer ma tendre fiancée!
J'avais souvent rêvé d'un visage très doux :
C'était le vôtre, ô ma charmante, c'était vous!
Et voici que le sort nous unit l'un à l'autre.
Voulez-vous que ma main reste ainsi dans la vôtre
Et me promettez-vous votre consentement
Au projet que sur nous on forme en ce moment?

MARGUERITE, entraînée.

Oh! oui, de tout mon cœur!

GASTON.

Alors, je puis vous dire
Le sentiment nouveau qui vient, comme un sourire
D'avril, dans la clarté d'un soleil matinal,
Rayonner sur mon cœur! J'avais un idéal
Insaisissable et fait de longues rêveries,
D'harmonieux accords ou de rimes fleuries!
Maintenant, à l'écho des beaux vers que j'ai lus,
Mon âme vibre avec une note de plus
Et murmure au ciel bleu, mollement caressée,
Un chant céleste éclos de ma propre pensée!
Le voici, l'idéal! le voici, le vrai jour!
C'est le reflet de Dieu lui-même... c'est l'amour!

SCÈNE VIII

LES MÊMES, SERVIAN.

SERVIAN, *s'arrêtant interdit.*

L'épreuve réussit!

GASTON, *l'apercevant.*

Servian?

SERVIAN.

En personne. Est-ce
Un mal : je regardais un tableau de jeunesse.

MARGUERITE.

Vous avez entendu... tout?

SERVIAN, *avec une gravité comique.*

Vous avez donc dit
Bien des choses... eh! quoi, vous restez interdit,
Et vous, ma chère enfant, vous voilà toute rouge!
Pétrifiés tous deux!... Eh bien?... pas un ne bouge!...

A lui-même.

Enfants! je réponds d'eux, moi, sans les avoir vus :
On a bien peu péché, lorsqu'on est si confus!

Haut.

Hum! hum! quelles terreurs à présent sont les vôtres?...
Vous n'avez point mal fait... Ah! j'en ai fait bien d'autres...

A lui-même.

Qu'est-ce que je leur dis?

Haut.

Mais c'est très naturel.

GASTON, *vivement.*

Vous étiez du complot, Servian?

SERVIAN.

Lequel?

GASTON.

Lequel?
Le projet de madame Orval.

SERVIAN.

Hein?

GASTON.

Plus de doute:
Vous le savez.

SERVIAN.

Ah çà! comment? Je n'y vois goutte:
L'épreuve que sur vous elle a tentée?...

MARGUERITE.

Eh! oui.
C'est cela même.

SERVIAN.

Ah! mais, voyons, c'est inouï.
Quoi! vous avez appris... elle a jeté le masque
Alors; c'est singulier! quelle femme fantasque!
Elle vous a dit?...

MARGUERITE.

Non, nous avons deviné.

GASTON.

Laissez là ce langage et cet air étonné,
Mon voisin : nous avons pénétré le mystère.
On veut nous rendre heureux, elle et moi, sur la terre,
N'est-ce pas? Notre cœur a compris ce désir :
Nous saurons tous les deux céder avec plaisir,
Et sans qu'il soit besoin qu'à genoux on nous prie,
Nous consentons sans peine à ce qu'on nous marie!

SERVIAN, *stupéfait.*

Ah bah!

GASTON.

Vous trouvez donc le fait bien surprenant
Pour vous émerveiller si fort en l'apprenant?

SERVIAN.

Moi, du tout.

Eclatant de rire.

Pff... ah! ah! très joli, ma parole!

GASTON.

Vous riez à présent.

SERVIAN.

L'épreuve?... Elle était folle!

MARGUERIFE, *timidement.*

Nous sommes-nous trompés?

GASTON.

Avons-nous par hasard
Mal compris?...

SERVIAN.

Mes enfants, à vous parler sans fard,
Vous avez un peu trop légèrement peut-être
Assuré votre sort. Oh! si j'étais le maître!
Mais je ne le suis pas. Quelle est l'intention
De madame Léa? c'est une question
Qu'avec elle aujourd'hui même je puis résoudre.
Laissez-moi lui parler...

A lui-même.

Au risque d'en découdre,
Comme on dit au moment du combat. La voici,
C'est elle. Eloignez-vous tous deux.

A Marguerite, en désignant le pavillon.

Vous, par ici.

A Gaston, en désignant la droite.

Vous, par là.

Pendant que les jeunes gens s'éloignent.

Toi, Servian, sois ferme au poste : en garde!
Depuis quand a-t-on vu broncher la vieille garde?

SCÈNE IX

SERVIAN, LÉA.

SERVIAN.

Vous arrivez trop tard.

LÉA.

Pourquoi ?

SERVIAN.

Mon compliment.

LÉA.

Que s'est-il donc passé?

SERVIAN.

Mon Dieu, rien ; seulement
Un petit incident qui vous aurait, madame,
J'ose vous l'affirmer, très fort réjoui l'âme.

LÉA.

Parlez.

SERVIAN.

L'épreuve...

LÉA.

Eh bien ?

SERVIAN.

A produit son effet :
Ils s'aiment.

LÉA.

Plaît-il?

SERVIAN.

Oui, vous avez si bien fait
En leur parlant d'amour, qu'ils se sont mis en tête...

LÉA.

Quoi donc?...

SERVIAN.

Qu'à les unir vous étiez toute prête.

LÉA.

Que me dites-vous là? c'est un conte enfantin.
Monsieur Dorsay n'aimait personne ce matin.
Une petite fille, une pensionnaire
Lui révèle l'amour... c'est extraordinaire!
Qu'a-t-elle donc, quel charme inconnu, quels appas?...
Je ne veux pas vous croire!... Ah! je ne vous crois pas!

SERVIAN.

Marguerite pourra vous le dire elle-même.

LÉA, avec humeur.

Allez me la chercher.

SERVIAN.

A vos ordres.

LÉA, se croyant seule.

Il l'aime!

SERVIAN.

Un dernier mot : voilà la résignation
Que vous montrez devant une déception!

LÉA, sans le voir.

Les hommes sont ingrats!... Oh! non, c'est une chose
Impossible vraiment!

SERVIAN, même jeu.

Ce n'est pas pour ma cause
Que je plaide; mais, moi, j'en prendrais mon parti
A votre place.

LÉA, l'apercevant.

Ah çà! vous n'êtes point parti!

SERVIAN.

Pardon, mais je disais...

LÉA, faisant mine de s'éloigner avec impatience.

Adieu.

SERVIAN.

Restez, madame.

J'obéis.

Il sort.

SCÈNE X

LÉA, puis MARGUERITE.

La nuit vient pendant cette scène.

LÉA, seule, très émue.

Oh! Dieu! j'ai comme du feu dans l'âme!
Quelle révolte en moi et qui m'eût dit?... J'entends
Mon cœur battre à se rompre! Oh! depuis longtemps
Je n'ai souffert ainsi... Servian est fou!... son zèle
A tout exagéré.

A Marguerite qui entre. — Sévèrement.

C'est vous, mademoiselle?

MARGUERITE, surprise et blessée.

Mademoiselle?... mais je n'ai pas mérité
Un accueil...

LÉA.

Vous m'avez caché la vérité!

MARGUERITE.

Moi, madame?

LÉA.

Oui, vous.

MARGUERITE.

Qu'est-ce qui vous fait croire?

LÉA.

Fort à propos, vraiment, vous manquez de mémoire!

MARGUERITE.

Je ne me souviens pas de vous avoir menti.

LÉA, ironiquement.

Non, même en m'affirmant n'avoir jamais senti
De l'amour pour quelqu'un! A merveille, ma chère!

MARGUERITE.

Madame, à ce moment, ma bouche était sincère

LÉA.

Et la preuve, c'est que...

MARGUERITE.

Mon cœur encor fermé
Quelques instants après n'aurait plus affirmé.

LÉA.

Vous l'avouez enfin! Vous aimez ce jeune homme?...

MARGUERITE, naïvement.

Mais c'est un sentiment très naturel en somme,
C'est vous qui l'avez dit.

LÉA, avec un rire forcé

Il paraît, oui, c'est moi,
Moi qui vous ai parlé de mariage! quoi!
Ai-je dit devant vous une seule parole
Qui vous fît supposer... Ah! la jeunesse folle!
Mes conseils, je le vois, ont été bien suivis.

MARGUERITE.

Je voulais obéir, madame, à vos avis,
Mais il m'a le premier parlé.

LÉA.

Votre conduite
M'étonne.

MARGUERITE.

Fallait-il que je prisse la fuite!

LÉA.

Il fallait écouter ses fades compliments
Avec moins de plaisir, malgré leurs tours charmants.
Si je vous disais, moi, qu'une autre a su lui plaire,
A su s'en faire aimer, vous flattez-vous, ma chère,
D'avoir en un seul jour si brusquement chassé
De son cœur la riante image du passé!

MARGUERITE.

Je ne suis qu'une enfant. Pardonnez-moi, madame!
J'aurais dû mieux cacher le trouble de mon âme!
Ne me condamnez pas encor : je vous promets
De ne jamais revoir monsieur Gaston, jamais.
Adieu.

Elle sort brusquement.

SCÈNE XI

LÉA, seule, puis SERVIAN.

LÉA.

Marguerite?... oh! comme je l'ai laissée
Partir, triste et cherchant au fond de sa pensée
Le sens des mots amers échangés entre nous !...
Eh! faut-il le jeter moi-même à ses genoux,
Lui, qui vient tous les soirs me répéter qu'il m'aime,
Lui qui va me le dire en tremblant, ce soir même,
Ce soir, là près de moi, tout près, à la faveur
De quelque chant d'amour pénétrant et rêveur!...

Servian paraît au fond.

Car aux premiers accords du piano sonore
Il viendra... Viendra-t-il?... reviendra-t-il encore?...
Allons.

SCÈNE XII

SERVIAN, puis MARGUERITE et GASTON

SERVIAN, *écoutant.*

Un bruit de pas?... oui, j'ai bien entendu!...

Il se cache dans l'ombre d'un massif. — Les jeunes gens paraissent. — Servian se tourne vers le pavillon et dit :

Va, va, tu peux jouer : c'est du doigté perdu!

Marguerite et Gaston entrent en scène comme Faust et Marguerite dans l'opéra de Gounod, sur le motif du duo du troisième acte que Léa joue au piano dans le pavillon — Les vers qui suivent doivent être réglés sur la musique.

MARGUERITE.

Laissez-moi.

GASTON.

Marguerite.

MARGUERITE.

Oh! je vous en supplie!

GASTON.

Quoi! vous voulez partir?

MARGUERITE.

Hélas!

GASTON.

Quelle folie!

MARGUERITE.

Il le faut!

GASTON.

Vous voulez partir, partir ce soir!
Au moment où nos cœurs s'éveillaient pleins d'espoir!
Non, entends comme Faust parle à sa bien-aimée,
Lorsque perdus tous deux dans la nuit embaumée,
Avec tout leur amour, l'âme au ciel, comme nous,
Il l'enlace en tremblant et tombe à ses genoux!
Le feuillage à l'entour sous ses plis les abrite!
La lune, en éclairant le front de Marguerite,
Donne un éclat plus pur à sa chaste beauté,
Et devant leur hymen s'ouvre l'Eternité!

Il reste à genoux devant elle, la tête inclinée sur sa main.

SCÈNE XIII

LES MÊMES, LÉA.

Léa sort du pavillon, voit Gaston aux pieds de Marguerite, fait un geste comme pour chasser les pensées qu'elle a eues, et descend lentement en disant :

L'âge est inexorable!

SERVIAN.

Ah! oui, ce n'est pas drôle!

LÉA.

C'est vous, mon bon Servian

Avec un sourire triste, en désignant les jeunes gens.

J'aimerais mieux leur rôle.

SERVIAN.

C'est la première fois que nous tombons d'accord.

MARGUERITE, à Gaston.

Vous m'aimerez toujours?

GASTON.

Toujours.

MARGUERITE.

Encor, encor,
Redites-le.

GASTON.

Toujours.

SERVIAN, à Léa.

Du courage.

LÉA.

Le rêve
Que j'avais commencé, c'est elle qui l'achève...
Soit...

GASTON et MARGUERITE, avec un cri.

Ah! madame Orval!

LÉA, leur tendant la main.

Venez, mes deux enfants!

SERVIAN.

Sur quatre, en voilà deux au moins de triomphants!
Ça se balance : deux sur quatre.

MARGUERITE, à Léa.

Eh bien, madame,
Il m'aime, vous voyez?

LÉA.

Et vous serez sa femme!

SERVIAN, à Léa.

Mais vous, vous qui souffrez en bénissant leurs fronts?

LÉA.

Je me résignerai.

SERVIAN.

Nous nous résignerons.

Rideau.

FIN

Imprimerie générale de Châtillon-sur-Seine, J. Robert.

www.ingramcontent.com/pod-product-compliance
Lightning Source LLC
LaVergne TN
LVHW020304230826
846091LV00006B/2524

* 9 7 8 2 3 2 9 4 1 1 3 3 0 *